Festa da REBECA

Com a chef mirim
Rebeca Chamma

Festa da REBECA

Receitas deliciosas
para muita diversão

Copyright © 2013 Rebeca Chamma

Todos os direitos reservados. Nenhuma parte desta edição pode ser utilizada ou reproduzida – em qualquer meio ou forma, seja mecânico ou eletrônico –, nem apropriada ou estocada em sistema de banco de dados sem a expressa autorização da editora.

O texto deste livro foi fixado conforme o acordo ortográfico vigente no Brasil desde 1º de janeiro de 2009.

Consultoria e produção culinária: **Lúcia Sequerra**
Assistência de produção culinária: **Renato Zuchi Vezzoni**
Consultoria nutricional: **Dra. Sheila Mustafá**
Revisão: **Elvira Castañon, Claudia Gomes**
Capa e projeto gráfico: **Rodrigo Frazão**
Fotografia: **Paulo Bau**
Assistência de fotografia: **Telma Castilho**
Produção de objetos e food design: **Airton Pacheco**
Impressão e acabamento: **EGB - Editora Gráfica Bernardi Ltda.**

Agradecimentos: Fazer este livro não teria sido possível sem a colaboração e a parceria das seguintes pessoas e empresas que acreditaram neste projeto: Edson Braga (figurino), elfbga@yahoo.com.br; Rachel Pimenidis (cabelo e maquiagem), www.opahair.com.br; Bontempo (locação), tel. (11) 3882-8299; Buffet Planeta Kids (coquetel de lançamento), tel. (11) 2283-1997; Art Mix, tel. (11) 3064-8991; Cecília Dale, tel. (11) 3064-2644; M. Dragonetti, tel. (11) 3846-8780; Oren, tel. (11) 3062-8669; Pepper, tel. (11) 3073-0333; Rica Festa, tel. (11) 3045-4700.

Dados Internacionais de Catalogação na Publicação (CIP)
(Câmara Brasileira do Livro, SP, Brasil)

Chamma, Rebeca
Festa da Rebeca: receitas deliciosas para muita diversão/ com a chefe mirim Rebeca Chamma. São Paulo: Alaúde Editorial, 2013.

ISBN 978-85-7881-191-4

1. Crianças - Culinária 2. Culinária 3. Receitas I. Título.

13-08015	CDD-641.5637

Índices para catálogo sistemático: 1. Receitas: Culinária para crianças: Economia doméstica   641.5637

1ª edição, 2013
Impresso no Brasil

2013
Alaúde Editorial Ltda.
Rua Hildebrando Thomaz de Carvalho, 60
04012-120, São Paulo, SP
Tel.: (11) 5572-9474
www.alaude.com.br

Aprenda estes truques de chef:

- Antes de usar os ovos na receita, quebre um a um em um potinho separado; se estiver com aspecto ruim ou cheirando mal, ele não está bom.
- O açúcar de confeiteiro pode ser substituído por açúcar comum: basta bater por 1 minuto no liquidificador com o copo tampado para deixá-lo bem fininho.
- Para untar uma assadeira, espalhe manteiga ou margarina e depois coloque farinha de trigo por cima, sacudindo levemente para cobrir bem e obter uma camada uniforme para que a massa não grude.
- Para saber se um bolo ou muffin já está assado, enfie um palito na massa. Se sair seco, pode desligar o forno.
- O tempo de forno e de micro-ondas pode variar de acordo com o equipamento. Peça a ajuda de um adulto para verificar se os pratos já estão prontos.

Sumário

Introdução 6

Piquenique 8
Sessão de cinema 24
Chá de bonecas 40
Festa junina 56
Halloween 72
Festa do pijama 88

Índice das receitas 104

Introdução

Oi, galera!

Estou muito feliz de poder dividir com vocês as minhas receitas mais uma vez. No meu primeiro livro, *Na cozinha da Rebeca*, eu quis mostrar que é muito fácil cozinhar um monte de pratos gostosos para a gente comer no dia a dia. Foi muito legal, várias crianças que eu encontro na rua me dizem que curtem ficar na cozinha e ajudar a mãe ou mesmo preparar algumas coisas sozinhas.

Desde o lançamento desse livro, muita coisa aconteceu comigo. Fui convidada para dar um monte de entrevistas e até ganhei um quadro no programa *TV Cocoricó*, da TV Cultura, onde faço minhas receitinhas ao lado da galinha Zazá.

Todas essas coisas boas me deixaram muito feliz, com vontade de comemorar. E o melhor jeito de fazer isso é com uma festa! Foi assim que nasceu a ideia para este livro, pensado especialmente para que as crianças, como eu, possam realizar sozinhas boa parte das etapas das receitas, e às vezes a receita inteira.

Minha primeira dica é que você leia a lista de ingredientes e as etapas do preparo do início ao fim, antes de começar a cozinhar. Preste atenção quando a receita mencionar liquidificador, batedeira, processador ou forno; são as etapas em que você precisa da ajuda de um adulto.

O livro foi organizado por temas, e cada festa traz pelo menos duas receitas de salgados, duas de doces e duas de bebidas. Comida gostosa e muita alegria foram os ingredientes principais, mas não podemos esquecer que também precisamos de vitaminas e nutrientes. Por isso, para cada festa há uma receita especial criada por uma nutricionista, para que todo mundo se divirta e se alimente com saúde.

Por fim, para que ninguém passe a festa toda na cozinha, um roteiro vai ajudar na organização e na preparação dos pratos, para que a diversão não acabe nunca!

Então, convido vocês a se divertirem comigo nas próximas páginas. Chamem os amigos e vamos festejar!

Um beijo,
Rebeca

Tem coisa mais
gostosa do que ir ao
parque ou à praia num dia de
sol? Se pudermos levar uma cesta
cheia de comidinhas gostosas e bebidas
refrescantes, então, o passeio está
completo! Neste capítulo, separei receitas
que podem ser preparadas um dia antes
e que não precisam de garfo e faca,
tudo para deixar sua festa ao
ar livre ainda mais
gostosa!

Piquenique

Torta a passeio

Esta é uma das receitas mais práticas que conheço. A massa é bem fácil e dá para variar o recheio usando o que tem na geladeira. Quando sobra, embrulho em papel-alumínio e levo para o lanche da escola no dia seguinte.

Tempo de preparo: 15 minutos + 30 minutos de forno   **Rendimento:** 24 pedaços

Para a massa: 4 ovos | 1 ½ de xícara (chá) de óleo ou azeite de oliva | 1 ½ de xícara (chá) de leite | 1 xícara (chá) de farinha de trigo | 2 saquinhos (200 g) de queijo parmesão ralado, mais um pouco para polvilhar | 2 colheres (sopa) de salsinha picada | 2 colheres (sopa) de cebolinha picada | 2 colheres (chá) de fermento químico em pó | 2 colheres (chá) de sal

Para o recheio: 2 latas (170 g) de atum escorrido | 2 cenouras média raladas | 1 xícara (chá) de pimentão vermelho cortado em cubinhos, mais algumas tirinhas para decorar | 1 xícara (chá) de azeitonas verdes sem caroço cortadas em rodelas

> **dica da Rebeca**
>
> Você pode substituir o atum e as azeitonas por 2 xícaras (chá) de peito de frango cozido e desfiado e 2 latas (400 g) de milho cozido.

1   Peça a um adulto para preaquecer o forno a 180 °C. Unte uma assadeira retangular (20 x 30 cm) com manteiga (ou margarina) e polvilhe farinha de trigo.

2   Coloque todos os ingredientes da massa no liquidificador e bata até obter uma massa lisa e homogênea. Em outra tigela, misture os ingredientes do recheio e reserve.

3   Despeje metade da massa na assadeira untada. Coloque todo o recheio por cima, espalhando com cuidado para distribuir por igual. Cubra com o restante da massa e polvilhe queijo ralado.

4   Com a ajuda de um adulto, leve ao forno por 30 minutos. Espere esfriar bem e corte em quadradinhos. Decore com as tirinhas de pimentão.

Piquenique 11

Palitinhos do jardim

dica da Rebeca
Sirva também com algumas torradas de pão árabe.

Adoro comer salada, e uma das coisas que mais gosto é temperar com molhos diferentes, como estes dips superfáceis de fazer. Também costumo passar estas pastas no pão. Com fatias de peito de peru, fica uma delícia!

Tempo de preparo: 20 minutos   **Rendimento:** 6 porções

Para os legumes: 2 cenouras grandes cortadas em palitos | 1 bulbo médio de erva-doce cortado em palitos | 4 rabanetes grandes cortados em rodelas | 1 pimentão médio cortado em palitos | 1 pepino médio cortado em palitos

Para o dip de azeitonas: 1 xícara (chá) de azeitonas pretas sem caroço | 1 dente de alho bem amassado (opcional) | ½ xícara (chá) de azeite de oliva | 1 ovo cozido amassado

Para o dip de gorgonzola: 1 xícara (chá) de queijo gorgonzola esmigalhado | 1 pote (180 g) de iogurte natural | 1 colher (café) de orégano seco

1. Arrume os legumes em copinhos descartáveis como se fossem canudos; assim fica mais fácil pegá-los na hora de comer.

2. Bata no liquidificador as azeitonas, o alho e o azeite. Não é necessário que fique muito homogêneo. Misture essa pasta com o ovo e reserve.

3. Em uma tigela, misture o gorgonzola e metade do iogurte até obter uma pasta. Adicione o restante do iogurte aos poucos, até dar o ponto de patê. Tempere com o orégano e reserve.

4. Na hora de servir, providencie guardanapos e bom apetite!

Piquenique 14

Marzipã ensolarado

O marzipã é um doce tradicional delicioso, feito com amêndoas, clara de ovo e açúcar. Aqui coloquei uma receita mais simples, mas tão ou mais gostosa que a original.

Tempo de preparo: 20 minutos   **Rendimento:** 18 bolinhas

1 xícara (chá) bem cheia de castanhas-de-caju grosseiramente picadas | ¾ de xícara (chá) de açúcar de confeiteiro | ½ colher (chá) de essência de amêndoas | castanha-de-caju picada, cacau em pó e açucar de confeiteiro para enfeitar

> **dica da Rebeca**
>
> Experimente substituir a castanha-de-caju por castanha-do-pará, que também é deliciosa e muito saudável.

1 Coloque as castanhas-de-caju no liquidificador e bata até virar uma farinha. Transfira para uma tigela e acrescente os demais ingredientes, misturando bem até obter uma massa que possa ser enrolada. Se necessário, adicione água aos poucos, tomando cuidado para que a massa não fique muito mole. Se isso acontecer, corrija o ponto da massa acrescentando mais farinha de castanha-de-caju e açúcar de confeiteiro.

2 Unte as mãos com manteiga. Coloque uma colherada de massa na palma da mão e modele as bolinhas. Elas devem ficar um pouco maiores do que uma bolinha de gude, mais ou menos do tamanho de uma bolinha pula-pula. Divida as bolinhas em três grupos e passe um pela castanha-de-caju picada, outro pelo cacau em pó, e o terceiro pelo açúcar de confeiteiro, para enfeitar. Leve à geladeira para firmar antes de servir.

Bolo formigueiro

Este bolo é bem básico e é ótimo para qualquer hora. Vamos torcer para que os granulados do recheio sejam as únicas "formigas" a aparecer na festa!

Tempo de preparo: 15 minutos + 30 minutos de forno
Rendimento: 20 fatias

2 ½ xícaras (chá) de farinha de trigo | 1 colher (sopa) rasa de fermento em pó
uma pitada de sal | 2 xícaras (chá) de açúcar | 150 g de manteiga
(ou margarina) em temperatura ambiente | 3 ovos | 1 ½ xícara (chá) de leite
1 xícara (chá) de chocolate ao leite granulado

1   Peça para um adulto preaquecer o forno a 180 ºC. Unte uma forma redonda alta (20 cm de diâmetro) com manteiga (ou margarina) e polvilhe farinha de trigo.

2   Em uma tigela grande, peneire a farinha, o fermento e o sal e reserve. Coloque na tigela da batedeira o açúcar e a manteiga (ou margarina). Na companhia de um adulto, bata até obter um creme fofo. Junte os ovos um por um, batendo bem após cada adição. Desligue a batedeira, acrescente os ingredientes secos e mexa bem. Com cuidado, ligue a batedeira novamente e acrescente o leite aos poucos até obter uma massa lisa e homogênea. Desligue a batedeira. Por último, adicione o granulado e misture mais um pouco. Despeje a massa na assadeira untada.

3   Com a ajuda de um adulto, leve ao forno por 30 minutos. Faça o teste do palito (ver pág. 4). Espere esfriar e corte em fatias.

dica da Rebeca

Para variar o sabor, substitua o leite pela mesma quantidade de suco de laranja e o chocolate em pó pelas raspas da casca de uma laranja. Só não use a parte interna branca da casca, pois assim o bolo ficará amargo.

Piquenique 17

Sanduíche no parque

Que tal este sanduíche diferente? Leva frutas e é uma delícia! Experimente substituir a banana por fatias finas de pera ou maçã e a pasta de amendoim por doce de leite.

Tempo de preparo: 5 minutos   **Rendimento:** 1 sanduíche

1 banana-prata fatiada no sentido do comprimento
2 fatias de pão de forma integral | 2 colheres (sopa) de pasta de amendoim | uma pitada de sal

1. Em uma frigideira antiaderente, e com a ajuda de um adulto, doure as fatias de banana por 1 minuto de cada lado. Retire e, na mesma frigideira, toste levemente o pão.

2. Espalhe metade da pasta de amendoim em cada fatia de pão e arrume as fatias de banana por cima. Tempere com um pouquinho de sal e feche o sanduíche.

3. Com um faca sem ponta, corte ao meio ou em triângulos e embrulhe em papel-alumínio para levar na sua cesta de piquenique ou para o lanche da escola.

Chá gelado

Não tem nada mais gostoso e refrescante do que um chá gelado, né? Às vezes, uso água com gás e fica extraespumante, muito bom!

Tempo de preparo: 15 minutos   Rendimento: 6 copos

- 1 litro de água filtrada ou mineral
- 4 saquinhos de chá do sabor de sua preferência (sugiro camomila ou maçã)
- 4 metades de pêssegos em calda escorridos bem gelados

1. Coloque a água em uma chaleira e leve ao fogo, com a ajuda de um adulto. Quando ferver, desligue o fogo e junte os saquinhos de chá. Deixe em infusão por 5 minutos e retire os saquinhos.

2. Depois que esfriar, transfira para o copo do liquidificador e acrescente o pêssego. Bata até ficar bem misturado e espumante. Coloque em uma garrafa térmica e deixe na geladeira até a hora de servir.

20

Água mil aromas

A gente aprende na escola que água não tem cheiro, não tem cor e não tem gosto. Mas não precisa ser sempre assim... Dê mais sabor à bebida mais popular de todas com frutas e ervas.

Tempo de preparo: 15 minutos   **Rendimento:** 8 copos

10 folhas de hortelã | 1 rodela de limão | 1 rodela de laranja
1 pau de canela | 1 anis-estrelado | 1,5 litro de água filtrada
ou mineral

1   Numa garrafa térmica grande, coloque as folhas de hortelã no fundo. Com um socador ou o cabo de uma espátula, aperte levemente as folhas para que soltem aroma e sabor. Arrume por cima as rodelas de limão e de laranja, o pau de canela e o anis-estrelado.

2   Despeje a água e mexa com cuidado, para que o gosto da hortelã, das frutas e das especiarias se misture. Deixe na geladeira de um dia para o outro. O sabor é bem leve e o perfume é muito gostoso.

Para o piquenique:

Acredita que é possível preparar a maioria das comidinhas e bebidinhas desta festa em pouco tempo? Juro! É só você se organizar e deixar à mão todos os ingredientes já lavados, picados e medidos. Olhe só:

Na véspera:

1 Ligue o forno a 180 °C. Monte a torta e leve para assar.

2 Prepare a massa do bolo. Deixe a forma em cima do fogão para colocá-la no forno assim que retirar a torta.

3 É hora de fazer o marzipã. Arrume as bolinhas dentro de um recipiente que tenha tampa antes de levar à geladeira; assim, no dia seguinte, fica mais fácil de transportar até o local da festa.

4 Retire a torta do forno e ponha em um lugar fresco para esfriar. Coloque o bolo para assar. Enquanto isso, prepare o chá e a água aromatizada.

5 Enquanto o bolo termina de assar, faça o dip de azeitonas e o de gorgonzola e arrume em copinhos descartáveis para levar.

6 Se o bolo já estiver pronto (faça o teste do palito, ver pág. 4), desligue o forno e deixe esfriar lá dentro por 5 minutos. Depois, pode transferir para um local fresco até esfriar completamente.

Roteiro da festa

No dia:

1 Corte a torta em quadrados de 5 x 5 cm e acomode-os em um recipiente de plástico com tampa. Faça o mesmo com as fatias de bolo. Se quiser, pode embrulhar uma a uma em papel-alumínio ou em filme de PVC.

2 Peça para um adulto cortar os legumes em palitos e guarde-os em um recipiente com tampa. Prepare os sanduíches.

3 Separe uma toalha grande para forrar a grama, pratinhos, copos descartáveis e guardanapos de papel. Não se esqueça de levar um saco plástico bem grande para recolher todo o lixo. Nada de sujar o parque!

4 Tire as garrafas térmicas com água e chá da geladeira e não se esqueça dos dips. Bom passeio!

Seja uma comédia
para rolar de rir ou uma
aventura daquelas que faz a
gente ficar grudada no sofá, ir ao
cinema é um dos meus programas
favoritos. Por isso, sempre que tenho um
tempinho, convido meus amigos para
assistir a um filme lá em casa. Sempre
acompanhado de comidinhas
deliciosas, claro!

Sessão de cinema

Biscoitos Hollywood

Estes biscoitinhos são muito fáceis de fazer e ficam uma delícia! Você pode prepará-los na véspera e assá-los só na hora de o filme começar.

Tempo de preparo: 15 minutos + 30 minutos no freezer + 10 minutos no forno
Rendimento: 20 biscoitinhos

dica da Rebeca

Se quiser, acrescente 1 colher (sopa) de erva-doce ou de gergelim à massa, fica muito gostoso!

½ xícara (chá) de manteiga com sal gelada cortada em cubinhos | 1 colher (sopa) de mostarda | 1 xícara (chá) de farinha de trigo | ½ xícara (chá) ou 1 saquinho de queijo parmesão ralado (50 g) | 1 colher (café) de sal

1 Coloque todos os ingredientes numa tigela. Com mãos bem limpas e unhas curtas, misture tudo até obter uma farofa grossa. Se necessário, acrescente um pouco de água gelada para dar o ponto da massa, mas só faça isso depois de ter certeza de que a manteiga e a farinha estejam bem unidas.

2 Divida a massa em porções pequenas e modele cordões da espessura de um dedo e com 6 a 8 cm de comprimento. Coloque numa assadeira e leve ao freezer por, no mínimo, 30 minutos.

3 Peça para um adulto preaquecer o forno a 180 °C. Retire a assadeira do freezer e, com a ajuda de um adulto, leve diretamente ao forno, deixando assar por 10 minutos. Sirva os biscoitos em temperatura ambiente.

Sessão de cinema 27

Pipoca maravilha

Para a sessão de cinema ser completa, vamos combinar que não pode faltar pipoca, né? Na versão salgada, as ervas dão um toque especial, mas é da receita doce que eu mais gosto, principalmente se vou assistir a uma comédia daquelas bem engraçadas!

Tempo de preparo: 15 minutos
Rendimento: 6 porções

2 pacotes de pipoca para micro-ondas sabor natural

Para a pipoca salgada: 1 colher (sopa) de manteiga | 1 colher (sopa) de azeite de oliva 1 dente de alho esmagado | 1 colher (sopa) de ervas frescas bem picadas, como alecrim, manjericão e cebolinha | 2 colheres (sopa) de queijo parmesão ralado para polvilhar

Para a pipoca doce: 1 xícara (chá) de amendoim torrado sem pele | ¼ de xícara (chá) de água filtrada ou mineral | 1 barra (180 g) de chocolate meio amargo picada | 1 colher (sopa) de mel

dica da Rebeca

Na pipoca doce, você pode substituir o amendoim por castanha-de-caju ou, se for alérgico a castanhas, por gergelim torrado. Para variar a versão salgada, troque o queijo ralado e as ervas por 1 colher (chá) de curry em pó. Experimentar novos sabores é sempre algo bacana!

1 Faça a pipoca no micro-ondas, seguindo as instruções da embalagem.

2 Enquanto isso, prepare o tempero salgado. Com a ajuda de um adulto, aqueça uma frigideira em fogo médio e derreta a manteiga junto com o azeite e o dente de alho esmagado. Frite ligeiramente o alho e retire da frigideira; o alho dá só um gostinho e perfuma a mistura de manteiga e azeite. Desligue o fogo e junte as ervas. Transfira a pipoca para uma travessa ou uma tigela, tomando cuidado para descartar os grãos não estourados. Regue a pipoca com a mistura de ervas e polvilhe o queijo ralado. Acerte o sal, se necessário, e sirva em seguida.

3 Para fazer a versão doce, misture o amendoim à pipoca pronta e reserve. Coloque a água num refratário e esquente no micro-ondas por 1 minuto. Retire com cuidado e misture o mel e o chocolate picado. Mexa delicadamente até obter uma calda. Se necessário, acrescente água quente aos poucos, sempre mexendo bem, até obter uma calda lisa. Despeje a calda ainda quente sobre a pipoca e o amendoim. Misture bem e aproveite.

Sessão de cinema 29

Sessão de cinema 30

Muffins da turma

Estes muffins são como um bom filme de suspense, surpreendentes! Eles são salgados e levam uma cobertura de cream cheese deliciosa.

Tempo de preparo: 15 minutos + 25 minutos de forno

Rendimento: 12 cupcakes

Receita da nutri

1 xícara (chá) de farinha de trigo | 1 xícara (chá) de farinha de trigo integral
3 colheres (chá) de fermento químico em pó | 2 colheres (sopa) de açúcar
1 colher (chá) de sal | 1 ovo | 1 xícara (chá) de leite comum ou de soja
¼ de xícara (chá) de óleo de canola | ½ xícara de cenoura (ou abobrinha) ralada
½ xícara (chá) de azeitonas verdes sem caroço picadas | 2 colheres (sopa) de cebola
ralada | 12 colheres (sopa) de cream cheese | 6 colheres (sopa) de gergelim preto

1. Peça a um adulto para preaquecer o forno a 200 °C. Unte forminhas de muffin com manteiga e farinha (se forem de metal) ou óleo (se forem de silicone). Se usar forminhas de papel, não precisa untar; coloque-as diretamente dentro da forminha de metal ou silicone.

2. Em uma tigela grande, misture as farinhas, o fermento, o açúcar e o sal. Em outra tigela, bata ligeiramente o ovo e acrescente o leite e o óleo, misturando bem.

3. Despeje a mistura líquida sobre os sólidos e mexa apenas o suficiente para agregar todos os ingredientes. Não se preocupe se a massa ficar com grumos, é assim mesmo. Quanto mais empelotada, mais fofinhos e leves seus muffins vão ficar. Acrescente a cenoura (ou a abobrinha), as azeitonas e a cebola e mexa mais uma vez.

4. Distribua a massa dentro das forminhas, enchendo bem. Com a ajuda de um adulto, leve ao forno por 25 minutos ou até dourar (faça o teste do palito antes de desligar o forno). Depois que eles esfriarem completamente, enfeite com 1 colher (sopa) de cream cheese e salpique ½ colher (sopa) de gergelim preto. Sirva em temperatura ambiente.

Cookies cômicos

Adoro tanto cookies que mal consigo esperar que eles esfriem para atacar a bandeja. Meus favoritos são estes, com gotas de chocolate meio amargo, mas você pode fazer com gotas de chocolate ao leite ou branco. Com nozes também ficam ótimos.

Tempo de preparo: 15 minutos + 25 minutos de forno
Rendimento: 30 unidades

1 Peça a um adulto para preaquecer o forno a 180 °C. Unte uma assadeira grande com manteiga (ou margarina) e polvilhe farinha de trigo.

2 Em uma tigela, peneire a farinha de trigo. Junte as castanhas-de-caju e a manteiga amolecida. Misture com uma espátula ou com a ponta dos dedos até obter uma farofa grossa. Acrescente o ovo, o açúcar, o fermento e a essência de baunilha e misture bem até ficar homogêneo. Adicione as gotas de chocolate e misture novamente.

3 Com a ajuda de duas colheres ou de uma colher de sorvete, faça bolinhas do tamanho de uma bolinha de pingue-pongue e coloque na assadeira untada, deixando dois dedos de espaço entre elas. Pressione levemente cada bolinha com um garfo para achatar um pouquinho. Com a ajuda de um adulto, leve ao forno por 25 minutos. Os cookies devem crescer e dourar ligeiramente. Retire do forno e deixe esfriar para firmar.

- 1 ½ xícara (chá) de farinha de trigo
- 1 xícara (chá) de castanhas-de-caju picadas
- 5 colheres (sopa) de manteiga ou margarina em temperatura ambiente
- 1 ovo
- 1 xícara (chá) de açúcar mascavo
- 1 colher (chá) de fermento em pó
- 2 gotas de essência de baunilha
- 1 ½ xícara (chá) de gotas de chocolate meio amargo

dica da Rebeca

Você pode substituir as castanhas-de-caju por amêndoas e as gotas de chocolate meio amargo por chocolate branco; os cookies vão ficar mais elegantes e com gosto marcante, e você pode até presentear alguém.

Sessão de cinema 33

Sessão de cinema 34

Chocobolinhas animadas

Tempo de preparo: 10 minutos + 4 horas de geladeira

Rendimento: 18 bolinhas

Nada como um docinho fácil para animar uma festa! A massa destas bolinhas pode ser feita de um dia para o outro e deixada na geladeira até a hora de enrolar. Nos dias muito quentes, use só metade do creme de leite.

dica da Rebeca

Antes de levar o chocolate à geladeira, misture frutas secas como damasco, banana-passa ou uva-passa para dar um toque especial à receita.

- 1 barra (180 g) de chocolate meio amargo picado
- 1 barra (180 g) de chocolate ao leite picado
- 1 caixinha (200 g) de creme de leite
- 1 pacote (200 g) de biscoito de aveia

1. Em um refratário, coloque os dois tipos de chocolate e leve ao micro-ondas na potência alta por 30 segundos. Retire e mexa bem até que todo o chocolate derreta; se necessário, leve ao micro-ondas por mais 30 segundos. Junte o creme de leite e misture. Leve à geladeira por, no mínimo, 4 horas.

2. Enquanto isso, com a ajuda de um adulto, coloque os biscoitos no liquidificador ou no processador e bata, primeiro com a função "pulsar" e depois aumente a velocidade, até obter uma farofa bem fina. Reserve.

3. Umedeça as mãos com água e faça bolinhas um pouco maiores do que uma bola de gude, do tamanho de uma bola pula-pula. Passe no biscoito ralado, coloque em forminhas e leve de novo à geladeira para firmar.

Milk-shake do diretor

Nos filmes antigos, quando aparecem as pessoas no drive-in (aquele tipo de cinema em que a gente assiste ao filme sentada dentro do carro), elas sempre estão tomando milk-shake, e essa foi a minha inspiração para esta receita.

Tempo de preparo: 20 minutos
Rendimento: 8 copos

2 xícaras (chá) de leite gelado
2 colheres (sopa) bem cheias de creme de avelãs, mais um pouco para enfeitar | 4 bolas de sorvete de chocolate

1 Coloque o leite, o creme de avelã e o sorvete no liquidificador, nesta ordem para não forçar o motor do equipamento. Bata até obter uma mistura cremosa. Antes de servir, enfeite a borda do copo com um pouco do creme de avelãs, formando um aro. Sirva bem gelado.

Lassi Bollywood

Lassi é uma bebida típica da Índia feita com iogurte, água e frutas, e servida gelada. Você pode usar morangos, bananas ou ameixas no lugar da manga.

Tempo de preparo: 15 minutos

Rendimento: 6 copos

2 copos de iogurte natural | 2 copos de água filtrada ou mineral (use o copo de iogurte como medida) | 3 mangas haden ou palmer grandes sem casca cortadas em cubos | 1 colher (sopa) de açúcar | gelo para servir

1 Coloque todos os ingredientes no liquidificador, menos o gelo, na ordem em que aparecem na lista, para não forçar o motor do equipamento. Bata até obter uma mistura cremosa. Distribua o gelo nos copos e despeje o lassi.

Roteiro da festa

Para a sessão de cinema:

Muitas das comidinhas desta festa têm que ser feitas na hora para ficarem gostosas e crocantes. É o caso da pipoca, por exemplo. Portanto, você terá que se organizar e deixar os ingredientes separados, medidos, picados e lavados antes da hora da festa. Quando seus convidados chegarem, eles encontrarão tudo pronto para colocar a mão na massa e começar a diversão!

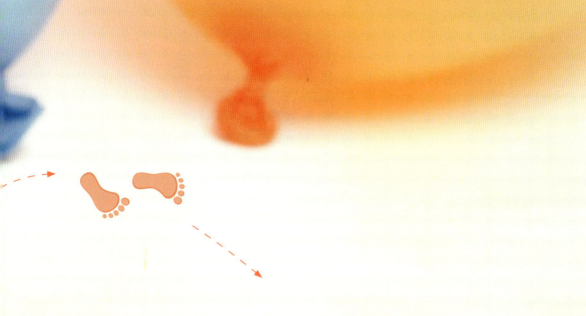

1. Prepare a massa das chocobolinhas e deixe na geladeira. Aproveite esse tempo para arrumar a sala com almofadas bem fofas para todos se sentarem. Se estiver frio, providencie mantas quentinhas. Escolha um lugar para todo mundo deixar os sapatos e ficar à vontade.

2. A seguir, prepare os biscoitos, arrume-os na assadeira e leve à geladeira.

3. Agora, os cookies. Deixe o forno aquecendo enquanto prepara a massa. Leve para assar durante 25 a 30 minutos. Enquanto isso, prepare os muffins e coloque-a para assar assim que os cookies ficarem prontos.

4. Enquanto os muffins estão no forno, faça o lassi e deixe na geladeira até a hora de servir. Finalize as chocobolinhas.

5. Pouco antes de vocês se acomodarem para ver o filme, faça as pipocas e o milk-shake. Dividam-se em grupos: enquanto uns cuidam da pipoca, outros preparam a calda de chocolate no micro-ondas e também o tempero de manteiga e ervas.

Tem dias
em que tudo que eu
quero é reunir minhas amigas
e ficar com elas a tarde inteira! A
gente conversa sobre um montão de
coisas, mas o mais legal é poder brincar
bastante e esquecer a lição de casa, a
bronca da mãe, os meninos... Sempre que
você estiver precisando dar um tempo
e quiser se divertir, aproveite estas
receitas e chame suas amigas para
uma festa inesperada!

Chá de bonecas

Um mimo de sanduíche

Experimente usar cortadores de biscoito com formatos diferentes para deixar os sanduíches mais bonitinhos e dar um charme extra à sua festa.

Tempo de preparo: 20 minutos
Rendimento: 20 sanduichinhos

15 fatias de peito de peru picadas
1 cenoura ralada
1 colher (sopa) de salsinha e cebolinha picadas
1 copo de requeijão
folhas de alface picada a gosto
10 fatias de pão de forma sem casca

dica da Rebeca

Substitua o pão de forma por pãezinhos de leite redondos e pequenos ou bisnaguinhas, e troque o peito de peru por peito de frango assado ou cozido e desfiado..

1 Em uma tigela, coloque o peito de peru picado, a cenoura e as ervas frescas. Misture o requeijão. Acerte o sal, se necessário.

2 Corte cada fatia de pão em quatro ou use um cortador de biscoitos para obter formatos diferentes. Espalhe o recheio sobre uma fatia e cubra com a alface picada. Repita o procedimento para montar um sanduíche de dois andares. Sirva em seguida.

Chá de bonecas 43

Chá de bonecas 44

Saladinha no copinho

Combinar legumes diferentes com queijo e ervas é um jeito ótimo de conseguir todas as vitaminas de que a gente precisa e é muito divertido.

Tempo de preparo: 20 minutos
Rendimento: 8 copinhos

4 tomates maduros e firmes cortados em cubinhos

1 pepino japonês médio cortado em cubinhos

sal a gosto

10 azeitonas pretas sem caroço cortadas em rodelas

1 xícara (chá) de queijo branco cortado em cubinhos

cebolinha picada a gosto

3 colheres (sopa) de azeite de oliva

1 Em uma tigela, coloque o tomate e o pepino. Tempere com sal e misture. Os legumes vão soltar um pouco de água, então, com cuidado, retire essa água com uma colher ou concha pequena.

2 Junte as azeitonas, o queijo e a cebolinha e acerte o sal. Regue com azeite e misture delicadamente até todos os ingredientes ficarem cobertos.

3 Distribua a salada em copinhos e ofereça garfinhos ou colheres pequenas para seus convidados.

dica da Rebeca

Troque a cebolinha por folhas de hortelã picadas para dar um sabor mais refrescante. Para a salada ficar mais encorpada, troque o queijo branco por queijo de cabra ou ricota e acrescente nozes picadas.

Banana bacana

Banana e chocolate é uma combinação que eu adoro de qualquer jeito, mas esta banana assada com chocolate derretido é a minha preferida.

Tempo de preparo: 15 minutos
Rendimento: 6 porções

> ### dica da Rebeca
>
> Substitua a barra de chocolate por 1 colher (chá) de cacau em pó, que não tem açúcar e tem um perfume delicioso! Você também pode trocar a castanha-de-caju por lascas de amêndoa ou granola.

1 barra (180 g) de chocolate meio amargo picada

2 colheres (sobremesa) de mel

4 bananas maduras cortadas em rodelas

4 colheres (sopa) de castanhas-de-caju picadas

1 Coloque o chocolate picado e o mel em um refratário e leve para derreter no micro-ondas por 40 segundos. Se estiver muito firme, leve ao micro-ondas por mais 10 segundos. Mexa com cuidado, misturando bem até que o chocolate derreta por completo.

2 Coloque a banana no fundo dos potinhos de servir. Distribua a mistura de chocolate e mel por cima. Polvilhe as castanhas-de-caju e sirva em seguida.

Chá de bonecas 47

Cake pops

Este é um jeito bem divertido de comer bolo e está super na moda. Você pode colocar os cake pops em um saquinho plástico e amarrar com uma fita bem bonita.

Tempo de preparo: 30 minutos + 10 minutos no freezer
Rendimento: 30 cake pops

dica da Rebeca
Varie o sabor do bolo ou troque o leite condensado pela mesma quantidade de doce de leite bem firme.

1 bolo sem recheio (você pode usar uma mistura pronta, mas na festa "Piquenique" tem uma receita de bolo bem fácil) І ½ lata de leite condensado confeitos para enfeitar (você pode usar chocolate granulado, bolinhas coloridas, bolinhas prateadas, minibolinhas de cereal, granulado colorido, chocolate em pó, paçoca esfarelada, o que você quiser!) І 30 palitos próprios para pirulito (encontrados em lojas de artigos de festa)

1 Antes de começar, verifique se o bolo está bem frio. Use uma colher para cortar pedaços do bolo e transferi-los para uma tigela grande. Com as mãos bem limpas, esfarele o bolo até obter uma farofa fina. Não deixe que sobrem pedaços grandes de bolo.

2 Junte o leite condensado aos poucos, uma colherada de cada vez, para não deixar a massa mole demais. Após cada colherada, amasse com uma espátula ou com as mãos para obter uma massa firme, não muito úmida. O ponto certo é aquele em que seja possível moldar uma bolinha que mantenha a forma. Se a massa estiver muito mole, deixe por 15 minutos na geladeira.

3 Umedeça levemente as mãos e modele bolinhas. Se quiser, use uma colher de sorvete para separar porções iguais de massa. Passe as bolinhas pelo confeito de sua preferência, espete os palitos e leve ao freezer por 10 minutos.

Chá de bonecas

Chá de bonecas 50

Sagu glamour

Esta é uma sobremesa divertida e pode ser preparada com outras caldas, como suco de uva ou maracujá. Você pode colocar o sagu em potinhos individuais e decorar com uma folhinha de hortelã.

Tempo de preparo: 20 minutos + 2 horas de geladeira
Rendimento: 20 copinhos

3 xícaras (chá) de água | 2 ½ colheres (sopa) de sagu
20 morangos | 2 colheres (chá) de açúcar demerara
2 colheres (sopa) de suco de limão coado

1. Coloque a água em uma panela média e peça a ajuda de um adulto para levar ao fogo alto. Quando ferver, junte o sagu e abaixe o fogo, mexendo sempre para não grudar, até as bolinhas ficarem transparentes. Peça para um adulto tirar do fogo e despejar em um refratário. Deixe esfriando enquanto prepara a calda.

2. Bata os morangos, o açúcar e o suco de limão no liquidificador até obter um creme homogêneo. Misture ao sagu e leve à geladeira por 2 horas.

Limão vermelhão

A mistura da melancia bem docinha com o azedinho do limão dá um toque especial para este suco. Eu adoro e a cor fica incrível!

Tempo de preparo:
20 minutos

Rendimento:
6 copos

8 colheres (sopa) de água

10 colheres (sopa) de açúcar

3 xícaras (chá) de melancia
   sem sementes cortada
   em cubinhos

½ xícara (chá) de suco
   de limão coado

gelo para servir

1 Peça ajuda de um adulto para fazer a calda de açúcar. Em uma panela pequena, aqueça a água e o açúcar, misturando bem. Espere ferver, conte 30 segundos e apague o fogo. Deve render 4 colheres (sopa) de um xarope simples. Reserve.

2 Bata a melancia no liquidificador e coe. Você deve obter 4 xícaras (chá) de suco.

3 Coloque o suco novamente no copo do liquidificador, acrescente o xarope reservado e o suco de limão. Bata até misturar bem e sirva com as pedras de gelo.

Smoothie rosa

Às vezes, quando preparo esta receita em casa, sirvo com canudos mais grossos e enfeito o copo com umas folhinhas de hortelã. Fica uma graça!

Tempo de preparo: 20 minutos
Rendimento: 6 copos

2 copos de leite de soja gelado
1 xícara (chá) de frutas vermelhas ou morangos congelados
1 banana madura cortada em rodelas | 2 colheres (sopa) rasas de mel | ½ xícara (chá) de aveia em flocos | 1 colher (café) de essência de baunilha

1. Coloque os ingredientes no liquidificador, começando pelo leite de soja. Bata até obter uma mistura cremosa. Experimente e acrescente mais mel ou um pouco de açúcar, se necessário. Sirva em seguida.

Roteiro da festa

Para o chá de bonecas:

Você pode preparar o cardápio completo na véspera da festa se quiser, mas acho muito gostoso cozinhar junto com as minhas amigas. É legal dividir as tarefas de um jeito que cada menina faça uma parte e, no final, tudo fica pronto mais rápido.

1. Comece pelos cake pops e o sagu. Deixe-os na geladeira enquanto decora a sala para a festa. Você pode usar uma toalha bem graciosa na mesa ou jogos americanos com o tema da festa.

2. Monte os copinhos de salada e regue com o molho. Não tem problema temperar antes; é até melhor, assim os vegetais vão pegando gosto.

3. Agora é hora dos sanduíches. Você pode montá-los com antecedência, se quiser. Nesse caso, o segredo para o pão não ressecar é cobrir com um pano úmido. Minha mãe faz isso e sempre dá certo!

4. Por último, é hora de fazer o smoothie e a limonada. Prepare antes e reserve algumas pedras de gelo para colocar nos copos e deixar as bebidas sempre fresquinhas.

5. Como o preparo do doce de banana é muito rápido, faça na hora de servir. Dessa forma, o chocolate não endurece e fica muito mais gostoso.

Ah, adoro
festas juninas! Não sei
se gosto mais por causa das
comidinhas gostosas ou porque elas
me lembram de que as férias de julho
estão chegando! Bom, de qualquer forma,
acho que é uma época ótima para reunir
todo mundo e se divertir como antigamente,
com quadrilha e brincadeiras de pescaria.
Até os pais costumam entrar na
brincadeira!

Festa junina

Torta pula-fogueira

Esta receita é ótima para comer verduras de um jeito diferente. Já experimentei com espinafre, escarola, couve-flor... Sempre uma delícia!

Tempo de preparo: 15 minutos + 40 minutos de forno
Rendimento: 6 porções

4 ovos | ¾ de xícara (chá) de farinha de trigo | 1 colher (sopa) rasa de fermento em pó | 2 colheres (sopa) de azeite de oliva | 1 ¼ de xícara (chá) de leite | ¾ de colher (chá) de sal | ½ xícara (chá) de cebolinha picada 3 colheres (sopa) de queijo parmesão ralado | 2 xícaras (chá) de brócolis cozido e picado | 1 xícara (chá) de peito de frango cozido e desfiado | azeite para untar

> **dica da Rebeca**
> Use outros ingredientes para dar o seu toque pessoal, como peito de peru, milho e ervilha, ou abobrinha e queijo prato. São muitas possibilidades!

1. Peça para um adulto preaquecer o forno a 180 °C. Unte uma assadeira (20 x 30 cm) com manteiga (ou margarina) e polvilhe farinha de trigo.

2. Em uma tigela, coloque os ovos, a farinha e o fermento. Misture até obter uma massa lisa. Acrescente o azeite, o leite, o sal e a cebolinha e misture novamente. Espalhe os brócolis e o peito de peru na assadeira. Com cuidado, despeje a massa sobre os ingredientes, distribuindo por igual. Polvilhe o queijo ralado por cima.

3. Com a ajuda de um adulto, leve ao forno por 40 minutos ou até que a torta fique bem dourada e firme. Retire do forno e sirva em seguida.

Pão de queijo na caneca

Este é um jeito muito simples e prático de preparar um dos meus salgadinhos preferidos. Fica pronto muito rapidamente, mas acho que eu devoro tudo ainda mais rápido, de tão bom que fica!

Tempo de preparo: 5 minutos   **Rendimento:** 6 porções

dica da Rebeca
Você pode acrescentar cubinhos de peito de peru ou ervas picadas à massa para dar um toque especial.

3 ovos

12 colheres (sopa) de leite

6 colheres (sopa) de óleo

12 colheres (sopa) de polvilho azedo

3 colheres (chá) de fermento em pó

12 colheres (sopa) de queijo parmesão ralado

uma pitada de sal

1 Em uma tigela, coloque o ovo, o leite e o óleo e misture bem. Adicione o polvilho e o fermento e misture novamente. Por fim, acrescente o queijo ralado e o sal e mexa apenas o suficiente para incorporar o queijo.

2 Divida a mistura em quatro canecas, enchendo apenas metade de cada uma para a massa não transbordar quando estiver assando.

3 Leve uma caneca de cada vez ao micro-ondas por 1 minuto. Sirva em seguida e coma na hora!

Festa junina 61

Polvilho de São João

A festa junina só fica completa com biscoito de polvilho, certo? Com esta receita superfácil, você vai querer preparar estas delícias a toda hora! Para variar o sabor, troque o gergelim branco pelo preto ou por linhaça dourada.

Tempo de preparo: 10 minutos + 15 minutos de forno
Rendimento: 50 unidades

500 g de polvilho azedo | 1 xícara (chá) de água fervente
1 xícara (chá) de óleo | 1 xícara (chá) de leite | 1 ovo
1 colher (sopa) de sal | 2 colheres (sopa) de gergelim

1. Peça a um adulto para preaquecer o forno a 280 °C.
2. Coloque todos os ingredientes, menos o gergelim, na vasilha da batedeira. Bata até a massa ficar homogênea; ela vai ficar meio mole mesmo. Acrescente o gergelim e misture mais uma vez. Peça para um adulto ajudar você a transferir a massa para um saquinho plástico limpo. Você também pode usar um saco de confeiteiro. Corte a pontinha do saco e aperte com cuidado, de cima para baixo, sobre a assadeira, de modo que a massa escorra pelo corte e forme os biscoitos. Modele bolinhas, cordões ou rosquinhas de massa; quanto mais finos os biscoitos, mais crocantes eles ficarão. Deixe uma distância de dois dedos entre um biscoito e outro, porque eles crescem bastante.
3. Com a ajuda de um adulto, leve ao forno por 15 a 20 minutos. Depois que os biscoitos esfriarem bem, guarde em um pote com tampa.

Festa junina 63

Bolinhos caipiras

O truque é passar os cubinhos de goiabada em um pouco de farinha de trigo para que eles "flutuem" na massa em vez de formarem uma camada grossa no fundo das forminhas.

Tempo de preparo: 30 minutos + 25 minutos de forno

Rendimento: 12 unidades

2 ovos | 1 xícara (chá) de leite | 4 colheres (sopa) de óleo | 1 xícara (chá) de açúcar | 1 xícara (chá) de farinha de trigo, mais um pouco para polvilhar 1 xícara (chá) de fubá | 1 colher (sopa) de fermento em pó | ½ colher (café) de sal | 1 xícara (chá) de goiabada cortada em cubinhos

dica da Rebeca

Varie o sabor eliminando a goiabada, substituindo o leite por leite de coco e acrescentando ½ xícara (chá) de coco ralado à massa.

1 Preaqueça o forno a 180 °C. Unte as formas de muffin com manteiga e farinha de trigo (se forem de metal) ou óleo (se forem de silicone). Se usar forminhas de papel, não precisa untar; coloque-as diretamente dentro da forminha de metal ou silicone.

2 Em uma tigela, bata ligeiramente os ovos. Acrescente o leite e o óleo e misture bem. Reserve. Em outra tigela, peneire o açúcar, a farinha de trigo, o fubá, o fermento e o sal. Faça uma cova no centro. Despeje a mistura líquida e misture os ingredientes com uma espátula ou uma colher. Não precisa bater muito, a massa tem que ficar com gruminhos mesmo. Acrescente a goiabada à massa (reserve 24 cubinhos para decorar) e misture mais uma vez.

3 Divida a massa entre as forminhas e arrume 2 cubinhos de goiabada por cima de cada uma. Com a ajuda de um adulto, leve ao forno por 25 minutos e faça o teste do palito (ver pág. 4) antes de retirar do forno. Deixe esfriar por 5 minutos antes de servir.

Paçoca divertida

Este é um doce típico de festa junina, mas eu adoro comer o ano todo. Experimente acompanhar a banana ou a maçã do café da manhã, é uma delícia!

Tempo de preparo: 15 minutos + 1 hora de geladeira
Rendimento: 20 quadradinhos

500 g de amendoim torrado e sem pele
1 pacote (200 g) de bolacha tipo maria
1 lata de leite condensado

1. Com a ajuda de um adulto, bata no liquidificador ou no processador o amendoim e a bolacha aos poucos, até formar uma farinha grossa. Coloque essa farinha em uma tigela e despeje o leite condensado em fio, misturando sempre, até obter uma massa com consistência pastosa.

2. Forre uma assadeira (20 x 30 cm) com papel-manteiga e despeje a massa. Alise bem com uma espátula e leve à geladeira por pelo menos 1 hora. Na hora de servir, use cortadores de biscoito com formatos de estrela, coração ou bandeirinha para ficar mais divertido!

dica da Rebeca

Embrulhe as estrelinhas de paçoca em papel-celofane e dê de lembrança aos seus convidados.

Festa junina 67

Quentão do noivo

Quentão é uma bebida tradicional de festa junina, mas leva cachaça e por isso só os adultos podem beber. Então, inventei uma versão especial para nós. Saúde!

Tempo de preparo: 20 minutos   **Rendimento:** 6 copos

1 maçã vermelha sem casca cortada em cubos (reserve a casca)

1 maçã verde sem casca cortada em cubos (reserve a casca)

3 caixinhas pequenas (200 ml) de suco de maçã

6 colheres (sopa) de açúcar

6 fatias finas de gengibre

1 pau de canela

4 cravos-da-índia

1 anis-estrelado

rodelas de laranja e de limão para decorar

1   Deixe os cubinhos de maçã de molho em água com algumas gotas de limão, para não escurecerem. Coloque os demais ingredientes em uma panela. Com a ajuda de um adulto, leve ao fogo e deixe ferver por 5 minutos. Desligue o fogo e cubra. Deixe abafado por 10 minutos e depois coe. Escorra os cubinhos de maçã e distribua nos copos. Divida o chá entre os copos, enfeite com rodelas de laranja e de limão e sirva em seguida.

Suco da noiva

Toda quadrilha sempre tem um casamento, e não tem casamento sem noiva, não é? Esta é uma homenagem a todas as minhas amigas da escola e da televisão.

Tempo de preparo: 15 minutos
Rendimento: 6 copos

2 vidros de leite de coco
2 xícaras (chá) de água mineral ou filtrada
1 ½ xícara (chá) de leite gelado
1 xícara (chá) de coco fresco ralado
3 colheres (sopa) de açúcar
Cubos de gelo

1 Coloque todos os ingredientes no liquidificador, menos o gelo. Acompanhado de um adulto, bata até misturar bem. Na hora de servir, distribua os cubos de gelo entre os copos e despeje a bebida. Você pode polvilhar canela em pó para dar um gostinho especial.

Roteiro da festa

Para a festa junina:

Na hora de decorar a casa, pendure bandeirinhas de papel nas paredes e escolha uma toalha xadrez bem colorida para enfeitar a mesa. Se for organizar uma gincana ou brincadeiras, aproveite enquanto as comidinhas estão no forno para montar o que precisa.

1. Comece a preparar as comidinhas pela paçoca. Faça a massa e leve à geladeira.

2. Agora, os bolinhos e a torta. Se o forno for grande, asse tudo junto, prestando atenção ao tempo de cada um. Se não, asse primeiro os bolinhos e, enquanto eles esfriam, leve a torta ao forno.

3. Prepare o suco e deixe na geladeira. Faça o quentão e coloque em uma garrafa térmica.

4. Em seguida, faça os biscoitos de polvilho. Depois que esfriarem bem, guarde em um pote bem fechado para ficarem fresquinhos.

5. Por último, deixe separado tudo de que vai precisar para o pão de queijo, incluindo os utensílios para seus convidados fazerem a massa. Escolha canecas e xícaras bem variadas e deixe à mão diversas colheres para medir os ingredientes.

Nos
Estados Unidos,
todo mundo comemora o Dia
das Bruxas. As crianças se fantasiam
e saem pela vizinhança pedindo doces,
é bem divertido. Também adoro me fantasiar
nessa época e acho que é a desculpa perfeita
para a gente soltar a imaginação! A casa
pode ser enfeitada com uma decoração de
vampiros e morcegos, mas qualquer monstro
vale, desde fantasmas e lobisomens
até aquela sua professora de
matemática meio chatinha...

Halloween

Mordida de vampiro

Este sanduíche de dois andares fica bem colorido e divertido. A beterraba pode ser cortada em rodelas, e você pode substituir a salsinha por outras ervas para variar o sabor.

Tempo de preparo: 15 minutos
Rendimento: 8 sanduíches

1 beterraba grande ralada | 1 colher (sopa) de azeite | 1 colher (café) de açúcar | 1 colher (café) de sal | 2 colheres (sopa) de cream cheese 1 colher (sopa) de salsinha picada | 1 colher (sopa) de gergelim branco torrado | 24 fatias de pão de forma

1 Coloque a beterraba em uma tigela e acrescente metade do azeite, o açúcar e o sal. Misture com cuidado para que o tempero cubra todas as rodelas e reserve.

2 Em outra tigela, misture bem o cream cheese, a salsinha, o gergelim e o restante do azeite. Acerte o sal.

3 Coloque um pouco da beterraba sobre uma fatia de pão e cubra com outra fatia. Passe uma camada da mistura de cream cheese e feche com outra fatia de pão. Monte os outros sanduíches, seguindo essa ordem, até terminarem os recheios. Corte cada sanduíche em triângulos e sirva.

dica da Rebeca

No lugar do gergelim, você pode usar linhaça ou gergelim preto, dá outra cara ao prato!

Halloween 75

Patê monstruoso

Esta receita foi inspirada num prato mexicano chamado guacamole. Como no México eles comemoram com muita alegria o Dia das Bruxas, achei que ia combinar bem. O segredo é usar abacates bem maduros.

Tempo de preparo: 15 minutos **Rendimento:** 12 porções

dica da Rebeca

Se quiser fazer a receita à moda mexicana, experimente acrescentar coentro, um pouco de pimenta dedo-de-moça sem semente bem picadinha, e arriba!

polpa de 1 abacate grande | 1 colher (sopa) de azeite | suco de 1 limão coado | ½ xícara (chá) de tomate cortado em cubinhos | ½ xícara (chá) de cebolinha picada | ½ xícara (chá) de salsinha picada | ½ colher (chá) de sal | gergelim preto para decorar

1. Em uma tigela, coloque o abacate e regue com o azeite e o suco de limão. Amasse bem até formar uma pasta. Junte o tomate, a cebolinha e a salsinha e misture delicadamente. Tempere com sal e decore com o gergelim. Sirva em potinhos, acompanhado de nachos, torradinhas e fatias de pão bem crocantes.

Halloween 77

Halloween 78

Fantasminhas camaradas

Estas bolinhas são branquinhas como fantasmas antes de irem ao forno, mas basta assá-las para espantar o medo e devorar essas criaturas deliciosas!

Tempo de preparo: 15 minutos + 30 a 40 minutos de forno

Rendimento: 30 bolinhas

Receita da nutri

- 4 xícaras (chá) de batatas cozidas e amassadas
- 1 ½ xícara (chá) de queijo de minas amassado
- ½ colher (sopa) de cebola ralada
- 1 colher (sopa) de salsinha picada
- 3 ovos, gemas e claras separadas
- noz-moscada em pó e sal a gosto

1. Peça a um adulto para preaquecer o forno a 220 °C. Unte uma assadeira retangular (20 x 30 cm) com manteiga (ou margarina) e polvilhe farinha de trigo.

2. Em uma tigela, coloque a batata, o queijo, a cebola, a salsinha e as gemas e amasse bem. Tempere com uma pitada de noz-moscada e sal a gosto. Bata as claras em neve e acrescente à mistura de batata. Amasse mais um pouco, até incorporar tudo.

3. Com as mãos untadas com um pouquinho de manteiga, ou com a ajuda de duas colheres, enrole a massa formando bolinhas do tamanho de um brigadeiro. Arrume-as na assadeira.

4. Com a ajuda de um adulto, leve ao forno por 30 a 40 minutos. Sirva bem quentinho.

Fantasmanola de arrepiar

Esta versão de granola é superfácil de fazer e fica uma delícia como acompanhamento do iogurte, mas você também pode colocar sobre o sorvete ou ainda decorar uma salada de frutas. Se sobrar, leve de lanche para a escola.

Tempo de preparo: 20 minutos
Rendimento: 6 porções

dica da Rebeca

Você pode criar a sua receita usando seus ingredientes favoritos, como sementes de abóbora, flocos de milho, nozes, uvas-passas claras e damascos.

1 xícara (chá) de flocos de aveia graúdos | 1 xícara (chá) de sementes de girassol cruas | 1 xícara (chá) de amêndoas cruas em lascas | 1 xícara (chá) de uvas-passas escuras sem semente | 1 litro de iogurte com mel

1. Peça para um adulto preaquecer o forno a 180 ºC. Coloque os flocos de aveia, as sementes de girassol, as amêndoas e as uvas-passas em uma assadeira (20 x 30 cm) e leve para tostar por 15 minutos. A cada 1 ou 2 minutos, mexa os ingredientes com uma espátula ou sacudindo com cuidado a assadeira, sempre sob a supervisão de um adulto; isso é muito importante para a granola não grudar. Retire do forno e deixe esfriar bem.

2. Enquanto isso, divida o iogurte em potinhos bem legais. Coloque a granola por cima e sirva em seguida.

Halloween 81

Brownies da bruxa

Não precisa de caldeirão mágico nem de ingredientes esquisitos para preparar essas delícias, mas você vai precisar fazer este "feitiço" várias vezes, porque todo mundo vai querer repetir!

Tempo de preparo: 20 minutos **Rendimento:** 20 pedaços

1 xícara (chá) de banana-passa | 2 xícaras (chá) de água filtrada ou mineral | 1 xícara (chá) de nozes | 4 colheres (sopa) de cacau em pó ou achocolatado | mel a gosto

1 Coloque a banana-passa em uma tigela média. Peça a um adulto para esquentar a água no micro-ondas por 30 segundos e despejar sobre a banana. Deixe hidratar por 15 minutos.

dica da Rebeca

Você pode comprar a farinha de nozes já pronta ou substituir por farinha de castanha-de-caju, de castanha-do-pará ou de amêndoas. No lugar do cacau em pó, você pode usar uma barra (180 g) de chocolate ao leite derretida por 1 minuto no micro-ondas.

2 Enquanto isso, e com um adulto por perto, bata as nozes no liquidificador ou no processador até obter uma farinha fina. Reserve. Da mesma forma, bata a banana até obter uma pasta. Se necessário, use um pouco da água em que elas foram hidratadas para obter uma pasta mais cremosa.

3 Em um tigela grande, coloque a farinha de nozes, a pasta de banana e o cacau. Amasse bem, até obter uma mistura homogênea e firme. Se ficar muito mole, acrescente um pouco mais da farinha de nozes. Deixe na geladeira até a hora de servir.

4 Corte quadradinhos de 5 x 5 cm e arrume-os num prato bem bonito. Despeje um pouco de mel por cima e aproveite!

Poção laranja

Essa poção é imbatível quando você precisa de uma forcinha extra para dar conta de todas as brincadeiras com os amigos.

Tempo de preparo: 20 minutos
Rendimento: 6 copos

Para o suco:
1 xícara (chá) de mamão picado
4 xícaras (chá) de suco de laranja
pedras de gelo a gosto

Para a calda de chocolate:
1 barra (180 g) de chocolate meio amargo picada
1 xícara (chá) de água filtrada ou mineral

1. Comece pela calda. Aqueça a água no micro-ondas por 30 segundos. Junte o chocolate picado e mexa rápido, mas com cuidado, até que derreta e forme a calda. Transfira para uma jarra com bico e deixe esfriar antes de usar. Para o suco, bata no liquidificador o mamão e o suco de laranja até obter uma bebida bem lisa.

2. Escolha copos bem bacanas para servir. Incline um pouco o copo e despeje a calda em fio em toda a volta do copo, girando-o para formar desenhos. Faça isso em todos os copos. Coloque duas pedras de gelo no fundo e despeje o suco com cuidado, para não desmanchar os desenhos. Sirva a seguir.

Poção amarela

Já que vampiros e fantasmas são criaturas da noite, que tal afugentar todos eles com uma bebida que tenha a cor do sol? Pode ser sua arma secreta para combater os monstros!

Tempo de preparo: 15 minutos

Rendimento: 6 copos

2 pacotinhos de polpa de maracujá

2 pacotinhos de polpa de manga

4 xícaras (chá) de água filtrada ou mineral

1 carambola madura cortada em fatias finas

1 Bata as polpas e a água no liquidificador até obter uma bebida lisa. Distribua nos copos. Com uma faca sem ponta, faça um corte na fatia de carambola do centro para fora. Encaixe uma fatia na borda de cada copo e sirva em seguida.

Roteiro da festa

Para o Halloween:

Sustos na hora da festa? Só se fizer parte da brincadeira! Para não aterrorizar seus convidados, deixe tudo arrumado para quando seus amigos chegarem. Daí, é só passar para a parte mais gostosa – colocar a mão na massa – e se divertir!

1. Comece hidratando as frutas secas para fazer os brownies. Enquanto isso, toste no forno os ingredientes da granola.

2. Depois, monte os sanduíches e deixe cobertos com um guardanapo úmido para não ressecar o pão.

3. Agora as frutas já devem estar hidratadas e as sementes, tostadas. Escorra a água, e retire a assadeira do forno para esfriar. Faça os bolinhos de batata e coloque para assar. Prepare os brownies.

4. Enquanto isso, decore a casa com lençóis para imitar fantasmas, e algodão ou manta acrílica desfiada para fazer teias de aranha.

5. Prepare o patê e deixe na geladeira, se não for servir logo. Para o abacate não escurecer, deixe o caroço dentro da tigela e só retire na hora de servir.

6. Prepare os sucos e deixe na geladeira até a hora de servir.

Hora de tomar
banho e colocar o
pijama! Mas nada de reclamar,
porque agora não significa dormir, e
sim divertir-se muito! Peça para cada
convidado vestir o pijama mais legal
que tiver, e organize um concurso para
escolher a meia mais engraçada ou
o bicho de pelúcia
mais legal.

Festa
do pijama

Quiche dos sonhos

Um pedaço desta espécie de bolo salgado é ideal para comer antes de dormir. Dá para assar inteiro ou dividir a massa em ramequins para fazer porções individuais.

dica da Rebeca

Troque o presunto por lascas de bacalhau dessalgadas ou por uma lata de sardinha. Para uma opção vegetariana, use uma abobrinha grande ralada ou espinafre cozido e picado.

Tempo de preparo: 15 minutos de preparo + 30 minutos de forno
Rendimento: 12 porções

¾ de xícara (chá) de farinha de trigo
1 colher (chá) de fermento em pó
1 ½ xícara (chá) de leite
3 ovos ligeiramente batidos
10 fatias de presunto picadas
10 fatias de mozarela picadas
1 colher (sopa) de óregano
½ colher (chá) de sal
queijo parmesão ralado para polvilhar

1 Peça para um adulto preaquecer o forno a 180 °C. Unte uma assadeira ou um refratário (20 cm de diâmetro) com manteiga (ou margarina) e polvilhe farinha de trigo.

2 Em uma tigela, coloque a farinha e o fermento, adicione metade do leite e misture bem até obter uma massa lisa. Acrescente o restante do leite e os ovos e bata novamente. Junte o presunto, a mozarela, o óregano e o sal e misture.

3 Transfira a massa para a assadeira e polvilhe o queijo ralado. Com a ajuda de um adulto, leve ao forno por 30 minutos. Quando estiver dourado por cima, retire do forno e sirva em seguida.

Contando tomatinhos

Esta é uma receita bem versátil, que pode ser combinada com macarrão cozido (mas tem que ser de formato curto, como penne, caracol ou parafuso), atum e ovo cozido picado para fazer uma salada bem nutritiva.

Tempo de preparo: 15 minutos
Rendimento: 6 porções

4 colheres (sopa) de azeite de oliva

1 colher (sopa) de mel

1 colher (sopa) de vinagre de vinho tinto ou balsâmico

1 colher (chá) de mostarda

¼ de xícara (chá) de manjericão picado

2 caixas de tomates-cereja ou sweet grapes cortados em metades

sal a gosto

1. Em um pote com tampa de rosca, coloque o azeite, o mel, o vinagre e a mostarda. Feche bem, agite até emulsionar e obter um molho espesso e liso.

2. Arrume os tomatinhos em uma travessa bem bonita, junte o manjericão e despeje o molho por cima. Misture com cuidado, até que todos os tomatinhos estejam cobertos pelo molho. Sirva a seguir.

dica da Rebeca

Faça uma versão oriental, usando shoyu, tofu e cebolinha no lugar do vinagre, da mostarda e do manjericão.

Miniomelete da manhã

Nada de sujar o fogão nem a frigideira: estes miniomeletes são feitos em forminhas e vão ao forno. São superpráticos e você também pode levar para o lanche da escola.

Tempo de preparo: 15 minutos + 20 minutos de forno
Rendimento: 6 porções

4 ovos | ½ xícara (chá) de tomate picadinho | ½ xícara (chá) de ervilhas congeladas | 2 colheres (sopa) de queijo parmesão ralado | sal a gosto

1. Peça a um adulto para preaquecer o forno a 180 °C. Unte as formas de muffin com manteiga e farinha de rosca (se forem de metal). Se estiver usando forminhas de silicone, não precisa untar.

2. Em uma tigela, quebre os ovos um a um (ver pág. 4) e bata com um garfo ou um batedor de arame até misturar bem as gemas e as claras. Acrescente o tomate, as ervilhas e o queijo parmesão e tempere com o sal.

3. Divida a mistura de ovos entre as forminhas e, com a ajuda de um adulto, leve ao forno por 20 minutos, até ficar firme. Sirva em seguida.

Festa do pijama   95

Fudge boa-noite

O fudge é uma espécie de brigadeiro que os americanos adoram. A base desse doce é manteiga, açúcar e leite, mas aqui adaptei a receita: uso leite condensado, que é muito mais prático e nem precisa ir ao fogo!

Tempo de preparo: 20 minutos + 40 minutos no freezer

Rendimento: 20 quadradinhos

3 barras (180 g) de chocolate meio amargo picadas

½ lata de leite condensado | ½ xícara (chá) de nozes picadas

½ xícara (chá) de cerejas em calda cortadas em metades

1 Coloque o chocolate em um refratário e leve ao micro-ondas por 30 segundos. Retire e mexa com cuidado, até estar derretido e uniforme. Se necessário, leve de volta ao micro-ondas por mais 10 segundos. Adicione o leite condensado e misture bem. Acrescente as nozes e as cerejas e misture mais uma vez.

2 Unte um refratário com manteiga (ou margarina) ou forre uma assadeira com papel-manteiga ou papel-alumínio, tomando o cuidado de deixar uma sobra do papel para fora da assadeira. Isso vai ajudar a desenformar o doce. Despeje a massa e alise bem a parte de cima com uma espátula ou as costas de uma colher. Leve ao freezer por 40 minutos, até endurecer, ou deixe na geladeira de um dia para o outro.

3 Retire do freezer e desenforme sobre uma superfície lisa. Corte em quadradinhos e arrume em um prato de servir.

dica da Rebeca

Você pode substituir o leite condensado por um pote pequeno de creme de chocolate com avelãs e também usar outras castanhas e frutas secas, como castanhas-de-caju e uvas-passas.

Moranguinho no lençol

Ah, nada como morangos com chantili! É a combinação perfeita de fruta e doce que eu adoro e também fica uma delícia com ameixas ou cerejas.

Tempo de preparo: 25 minutos   **Rendimento:** 10 porções

dica da Rebeca

Para dar um toque refrescante, antes de montar as taças de doce, misture hortelã picada aos morangos.

- 1 garrafa (500 ml) de creme de leite fresco bem gelado
- 4 colheres (sopa) de açúcar
- 1 colher (café) de essência de baunilha
- 2 caixas de morango picados sem os cabinhos
- 1 pacote de suspiros pequenos esmigalhados

1. Coloque o creme de leite na tigela da batedeira. Com a ajuda de um adulto, bata em velocidade baixa por alguns minutos. Quando começar a engrossar, adicione o açúcar e a baunilha, sem parar de bater. Bata mais 5 minutos em velocidade baixa, até dobrar de tamanho e ficar bem fofo.

2. Separe taças ou copinhos individuais e monte o doce em camadas: primeiro uma colherada de chantili, depois os morangos e por cima os suspiros. Repita o procedimento. Finalize com mais um pouquinho de chantili e sirva em seguida.

Festa do pijama

Suco soneca

Sabe quando a gente sonha que está brincando na praia num dia de sol? Se isso se tornasse realidade, este suco seria a bebida perfeita para acompanhar a diversão!

Tempo de preparo: 10 minutos
Rendimento: 5 copos

1 vidro pequeno de leite de coco
3 xícaras (chá) de abacaxi sem miolo picado
3 bolas de sorvete de coco
cubos de gelo

1. Coloque todos os ingredientes no liquidificador na ordem em que aparecem, para não forçar o motor do equipamento. Bata bem até obter uma bebida lisa e sirva em seguida.

Suco bom-dia

Este suco é ótimo para preparar a gente para um dia agitado de brincadeiras e ainda ajuda a fazer a digestão. Receita certa para acordar cheio de energia!

Tempo de preparo:
15 minutos

Rendimento:
6 copos

3 xícaras (chá) de melão sem sementes picado

1 colher (sopa) de gengibre sem casca ralado

1 ½ xícara (chá) de água filtrada ou mineral

1 Coloque todos os ingredientes no liquidificador e bata bem, até obter uma bebida lisa. Experimente e adoce, se necessário. Se preferir, coe antes de servir e coloque pedras de gelo nos copos.

Roteiro da festa

Para a festa do pijama:

Nada de dormir no ponto na hora de organizar esta festa, hein? Siga as nossas dicas para preparar tudo com calma e se divertir muito com seus convidados.

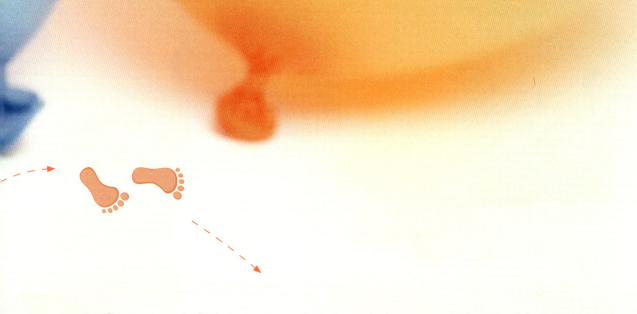

1. Comece pelo fudge, que precisa de mais tempo para ficar pronto.

2. Enquanto o doce endurece no freezer, prepare o quiche e leve para assar. Se o forno for grande, prepare também os miniomeletes e coloque para assar.

3. Faça o molho e tempere os tomates, mas deixe para colocar o queijo por cima só na hora de servir.

4. Prepare os sucos e deixe na geladeira.

5. O quiche já deve estar pronto. Retire do forno e corte em fatias. Desenforme os miniomeletes.

6. Deixe todos os ingredientes para a sobremesa de morangos separados e medidos, mas faça o chantili só na hora de servir, se não ele desmancha.

Índice das receitas

Água mil aromas **21**

Banana bacana **46**

Biscoitos Hollywood **26**

Bolinhos caipiras **65**

Bolo formigueiro **16**

Brownies da bruxa **83**

Cake pops **48**

Chá gelado **20**

Chocobolinhas animadas **35**

Contando tomatinhos **93**

Cookies cômicos **32**

Fantasmanola de arrepiar **80**

Fantasminhas camaradas **79**

Fudge boa-noite **97**

Lassi Bollywood **37**

Limão vermelhão **52**

Marzipã ensolarado **15**

Milk-shake do diretor **36**

Miniomelete da manhã **94**

Moranguinho no lençol **98**

Mordida de vampiro **74**

Muffins da turma **31**

Paçoca divertida **66**

Palitinhos do jardim **12**

Pão de queijo na caneca **60**

Patê monstruoso **76**

Pipoca maravilha **28**

Poção amarela **85**

Poção laranja **84**

Polvilho de São João **62**

Quentão do noivo **68**

Quiche dos sonhos **90**

Sagu glamour **51**

Saladinha no copinho **45**

Sanduíche no parque **19**

Smoothie rosa **53**

Suco bom-dia **101**

Suco da noiva **69**

Suco soneca **100**

Torta a passeio **10**

Torta pula-fogueira **58**

Um mimo de sanduíche **42**